JN437925

눈이 부시게

눈이 부시게

강희숙·김시동·오필선 시집

봉트

• 목차

1장 _강희숙 / 상처에게 묻다

2장 _김시동 / 들꽃에게

3장 _오필선 / 바람이 분다

PART I

강희숙

상처에게 묻다

하나를 꿈꾸는 들판에서

유유히 흐르는
한강의 끝자락에서
저 들녘에 숨 쉬는
불가능한 꿈을 보았다

태곳적부터
자연은 이미 하나였었고
사람이 나눌 수 없었던 것임을

이룰 수 없기에 돌아서야 하는지
이루어질 때까지 도전해야 하는지

또 하나의 선택은
미래를 결정짓게 하고
역류할 수 없는
저 강물 같은 것임을

새날, 새 땅을 위한
불가능한 꿈을 꾸며
모진 칼바람 속에
소망의 씨를 뿌려본다.

벚꽃나무의 봄

겨우내 움츠렸던
너의 빈 가지에

봄바람 사알짝
걸터앉았을 뿐인데
참으로 어여쁘기
그지없구나

연분홍 순수한
너의 꽃잎을 보며
난 잠시 시름을 잊는다

세상은 온통 너의
흔적들로 가득하고

흐드러지게 핀
너의 자태에
시름은 기쁨이 된다

이제 넌
소망의 꽃비 뿌려
초록의 축제를 준비하겠지

너의 피 같은 꽃잎 밟으며
난 희망의 노래를 부르련다

영광의 빛

신비한 천년의 빛 찾아
굽이쳐 오른 오백 리 길

구름 사이 붉은 섬이 떠오르면
절벽을 품은 바다 위에
은빛 파편이 여울진다

외길 백수 따라가다
섬 무덤 바라보며
문득 눈길 멈춘 곳

신의 옷자락 걸친
하늘의 노을빛 실루엣

가슴 깊이 묻혔던
사랑이 꿈틀거렸다

위대한 하루

미명의 시간!
살며시 꿈이 흔들린다
힘겹게 세상이 열리면
보이는 건 아득한 블랙홀

자리를 박차고 일어나
나의 새벽을 흔들어 깨웠다
그 옆에 소크라테스도
조용히 따라 앉는다

흔들리지 않게, 더 깊이
내 안의 뿌리를 내리는 시간
읊조리는 간절한 기도 소리
금빛 세상이 조용히 열렸다

이팝나무꽃

화정천 봄바람 따라
발길 닿는 곳
흰 쌀밥 수북이 담아 놓은
이팝나무꽃

어린 시절 밥이
보약이라며
고봉밥 퍼주었던
우리 엄마

새하얀 이밥 알
한가득 퍼 머금으면
가슴속 그리움
한 조각 덜어질까

※화정천:경기도 안산시에 있는 하천 이름

토기장이

사랑의 흙을
눈물로 빚어

고난의 가마에
정성껏 구워

감사의 유약을
기쁘게 칠하며

쓰기에 좋은
그릇이 되는 것

나의 사랑,
내 어여쁜 자야
일어나서 함께 가자

게발선인장

네 모습이 정겨워
난 그만 웃고 말았다.

긴 세월 한 해도 빠짐없이
날 기쁘게 해 주었던 너

볼품 없는 모양새
보잘것없는 그릇
네가 가진 건
그게 전부인데

변함없이
푸른빛 생명력을 이어왔고
한량없이
자줏빛 꽃망울로 위로하였다.

때론 무관심과
물 한 모금 못 얻은
너였지만

넌 언제나 그 자리에서
날 기쁘게 하기 위한
준비를 하고 있었다.

여태껏
내가 널 돌본 게 아니라
네가 날 사랑했음을

비로소 오늘에야
깨닫는구나

아무리 보고 또 봐도
내가 할 것은 없었다.

네 모습이 너무 정겨워
난 그만 눈물을 흘리고 말았다.

기다림

기다림은
희망으로
오지 않아도 좋다

기다린 만큼
꿈꿀 수 있고

꿈 꾼만큼
희망이 있기에

기다림이
희망으로
오지 않는다 해도

오늘
절망하지 않음은

희망을 꿈꾸는

기다림으로

행복하기 때문이다

믿음

믿을 수 없는 것을
믿는 것

그것이 믿음이다

당신, 오소서

바람으로 오소서
먼 길 돌지 말고 한달음에
보고픔에 젖은
이 마음 기억하소서

불꽃으로 오소서
태양 아래 타오르는
그리움에 젖은
이 사랑 기억하소서

오소서
어서 오소서

해풍의 언덕에서
희망의 바람으로

뜨거운 열정 품고
찬란한 불꽃으로

내게 오소서
부디 오소서

나의 당신이여
나의 영원한 꿈이여

바위의 눈물

거센 바람이 분다
파도가 하얀 이빨을 드러내며
거침없이 달려간다
오늘은 반드시 뭍에 오르리라
뭍 너머 사랑하는 이를 만나리라
수 만 번을 달려가지만
하얀 모래를 넘어서지 못한 채
다시 쪽빛 바다에 갇혀버린다

나는 바위,
변하지 않는 사랑을 기다린다
오늘도 파도는 거세게 달려간다
수 만 번 달려와 나를 넘어서지만
오늘도 나의 구애는 받지 않는다
나의 사랑은 알알이 부서져
저 황금빛 모래벌판을 낳았다
파도는 내 눈물을 결코 넘어서지 못하리
바람이 다시 잔잔해진다

액츠 연가 1

사색이 감도는 이곳
생명의 젖줄 남한강이 흐른다.
태양이 녹아 만든 저 은빛 물결은
하늘을 닮은 듯하다.

수줍은 듯 봄을 기다리는
벌거벗은 나무는
이곳에서만은
부끄럽지 않은가보다.

커피 향보다 진한
사랑이 숨 쉬는 이곳
오늘도 서로의 안부를 물으며
미소로 가득하다.

일찍이 하나님이
기름 부으신 이 선지 동산에
하늘의 꿈을 꾸며
밀알을 심는 그대들이여

그대들과 함께 하는 것으로
얼마나 기쁜 일인가
내가 이 땅에 서 있는 것만으로
얼마나 감사한 일인가

액츠 연가 2

고운 빛 산 향 가득한
아련한 추억 서린 곳

함께 울고 웃었던
동무의 발자취 기억하며

썩어질 것을 두려워 않는
위대한 몸짓으로

새벽을 깨치는 저 찬란한 태양처럼
세상을 변화시킬 그리스도의 빛이 되기를

주님 오실 그 날까지
오늘을 넘어서는 사명자가 되어

찬란한 주님의 영광으로
빛나는 액츠인이 되소서

그대들과 함께 하는 것으로
얼마나 기쁜일인가

이 땅에 서 있는 것만으로도
얼마나 감사한 일인가

*액츠(ACTS)-아세아연합신학대학교를 줄여서 부르는 말

존재

알 수 없는 감정에 쌓여
알 수 없는 것들에 묶여

할 수 있는 일들에 매여
할 수 없는 그것을 느껴

어찌할 수 없음을 알아
아! 찬란한 고독이여

지금, 이 순간

행복은
고난의 끝자락에 있지 아니하다

꿈을 품은 심장은
온 우주를 향해
매 순간 거침없이 뛰고 있고

내일의 행복은
흐르지 않는 강물과 같으니

오늘의 기쁨을 찾아
지금의 행복을 누리라

지금, 이 순간
당신은 충분히 사랑스럽다

청초호의 꿈날

바닷물 한 바가지 퍼 담아
청초호에 가득 담았다

둘레길 걸어가다 보면
그대여 보이던가
청초한 울산바위

한가로이 은어떼가 뛰놀고
구름도 잠시 쉬어가는 곳
청초호는 평화다

어디선가 들려오는
색소폰 음악에 맞춰
어둠은 밤새 춤을 추리라

당신 어깨가 이리도 편했든가
붙잡을 수 없는 시간만 아쉽구나

*청초호_속초시에 있는 호수 이름

눈이 부시게

바다 향 고운 하늘 아래
철없이 눈부신 겨울 햇살보다
더 찬란하고 아름다운
사랑이 숨 쉬는 그대 가슴속

아무리 기대어도 낯설지 않아
빚진 자의 감사함을 담은
언제나 순수한 영혼이 되기를
오늘처럼 눈부시게 아름답게

파란 자유

메마른 바람의 바다, 대부도
해풍이긴 솔 향기 따라
파란 자유 꿈꾸며
친구의 노래를 부른다

못다 이룬 꿈같은 세월
이루지 못한 이야기들은
불혹을 훌쩍 넘긴 뒤에야
가슴 따뜻한 그리움이 되었다

청초한 너 제비꽃도
연분홍 순수한 진달래도
서러워 울고 갈
빨간빛 가득한 추억이여

어느 봄빛 화창한 날
벚꽃나무에 봄이 한창일 때
친구야, 우리 노래를
다시 한번 부르자

낙엽을 추모하다

햇볕에 그을린 거리에서
가을을 만났다
노란 낙엽 하나
스르르 떨어지더니
내 발 앞에 조용히 앉는다
쭈그리고 앉아 한참을 바라보았다
온몸이 오그라들고
바짝 말라버린 너
하얀 심줄이 튕겨 나올 것만 같았다

언젠가 이렇게 될 줄 알았을까
아무도 기억해 줄 이 없을텐데
한 줌의 재라도 되어
뿌리 깊이 남고 싶은 것인가
버림받은 것이 아니라
내 선택이었다고 말하고 싶은 것일까
헤아릴 수 없는 이별 앞에
가을은 말이 없었다

가을 달빛 아래

어스름한 저녁노을 아래
삐리리 풀벌레 소리 은은하네
코끝을 휘감은 진한 풀잎 향은
살포시 미소를 짓게 하고
버드나무 길게 드리운
수면 위에 달빛은
마음의 설움을 아는 듯
잔잔하게 밀려오는데
살갗을 스치는 찬바람에
움츠러드는 초승의 세상은
다시 찾아오는 가을의 전령인 것을
세상은 다시 돌고 돌지만
지천명을 넘어선
아쉬운 세월은
쉬이 갈 줄 모르는구나

사랑 1

이루 말할 수 없는
고통 중에도

한 줄기 희망은
언제나 사랑이었다

긴 긴 기다림 끝에
간절한 사랑은

비로소 때를 얻어
기적이 된다

사랑 2

주님께 바라는
기도는 끝이 없고,
나를 향한 주님의
사랑은 끝이 없다

주님은 항상
평안 주시길 원하지만,
내가 평안할 땐
주님을 잊어버린다

나는 만족을 위해
주님을 찾지만,
주님은 나를
사랑함으로 만족하신다

나는
오늘도
자신을 위하여
십자가를 바라보지만

주님은

오늘도

나를 위하여

십자가를 지신다

살다가

살다가
어느 날
슬픔이 찾아오거든
울음을 삼키지 마라

아프다고
괴롭다고
슬퍼할 용기조차 없다면
그대는 비굴한 것이다.

아픔에
고통에
마음 열면
다시 삶이 보이니

살다가
어느 날
슬픔이 찾아오면
따뜻한 차 한 잔 대접하라.

상실

타는 듯한 목마름
가슴을 짓누르는 돌덩이
칼끝으로 찌르는 듯한 아픔
한 발자국도 내디딜 수 없는 고통
그리고 이유 없는 슬픔

잃을 수 없는 것을 잃어버린
서러운 안타까움이여
몸부림쳐봐도 돌이킬 수 없는
그리운 세월이여
이제는 안녕

상처에게 묻다

스치기만 했는데도
날카롭게 베인 심장에선
붉은 선혈이 쏟아졌다

침묵의 고통 속에 갇혀
깊이 뿌리내린 넌
끝도 보이지 않았다

가시 같은 잔재 속에서
고독의 꽃은 더없이 화려했다

정오의 태양 아래서
길 잃고 헤매게 만든
넌 누구냐

이런 시인이 되고 싶습니다

가난하고 아픈 이들을 섬기셨던
그분의 마음처럼
영혼의 위로가 되는
시인이 되고 싶습니다

내가 받은 사랑과 은혜를 나눌 수 있고
그분을 전하는
도구가 될 수 있다면
시적인 묘미 없는 무식한 시인이어도 좋습니다

세상의 칭찬보다는
오직 그분을 기쁘시게 하는
이 땅의 시인이 아니라
하늘나라의 시인이 되고 싶습니다

그분을 향한 그리움 안고
그분만을 위한 시인으로 사는 것
저의 소망이자 기쁨입니다

PART Ⅱ

김시동

들꽃에게

들꽃에게

이름이 없으니 부르는 이 없고
찾는 이 없으니 부끄러울 것도 없다
내 의지로 피었으니 원망 또한 어디 있으랴
자유가 있으니 얽매이지 않고
무엇을 담은들 누가 뭐랄소냐

하나다

내 몸이 내 몸이 아니다
두고 가야 할 몸이다
삭막한 한 세월아
어찌 너는 매정하냐
울고 있는 내가 보이지 않는단 말이냐
우주는 순환을 잘도 한다
육천 근의 몸은 왜 갈피를 못 찾고 서성이나
한 세월 살자니 고통이다
내 누굴 믿고 의지하며
이 생을 살아야 하나
별도 하나 달도 하나
나도 하나이다

능소화 사랑

그렇게 사랑하고도
님을 보지 못하는 슬픔
한없이 주고픈 심정뿐인데
뉘라서 나를 볼까
그리움도 슬픔도
밤새워 되새기다
붉게 타버린 이 몸뚱이
그대 나를 알기 전에 떠납니다
나를 영원히 모르도록
흔적 없이 떠나 드립니다

파도 1

온순하다 하지 마라
거대하다면서도 순한 바다라 누가 말하나

잔물결에 노래 부른다 하지 마라
평온한 어머니 품속 같다고 하지 말고

내 한번 일어서면
날 따르느니 어디 없고
울음소리 또한 날 따르는 자
어디에도 없다

송두리째 날려버리는
힘 또한 있는 것이다
바람에 노예 되어보아라
그러면 알 것이다

단풍

고운 맵시 신이 주신 선물이다
그 빛깔에 숙연해지네
늙어도 곱게 늙어
곱다고 손을 타내

곱다 이쁘다 하지 마라
병든 몸이라고 내 속을
누가 알리요
웃어도 웃는 것이 아닌데

세월에 순응하고 살다 보니
곱다는 소리 들어보네
그대여 아름답게 나처럼 늙어가세

벌초

조용하던 집 주무시는 당신께
누가 될까 죄송합니다
집 청소해드리니 잠시만 깨어 계십시오
늘 뵙고 싶어 그리웠습니다
생전에 모습 꿈속에 자주 뵈었지만
현실과는 거리가 멀었어요
참교육 받은 이 몸
험한 세상에도 버티지요
당신은 미리 알고 있었어요
감사합니다 고맙고요

빗물

멀리서 이른 새벽 오신다고
그리도 요란 떨었나요
지붕도 창문도 대문도 두들겨 패니
직성이 풀리나요
당신의 소원이 무엇이었나요
이것이었나요
당신이 오시는 날엔
초목은 눈물범벅이지요

콩나물

물을 만나 팔등신이로다
군더더기 하나 구경 못 하지
투명한 몸매 탱글탱글한 촉감
매끄러운 수영모자 쓰시고
내 앞에 있다

돼지 잡는 날

무겁고 들 수가 없다
돼지 밥 준 사람은 나뿐이다
나 혼자 독식이다
이미 등이 해지고 배에도 금이 갔다

낙엽

그대 여기까지 어찌 왔소
이별하기가 그리 쉬운 일인가
더 이상 공급이 중단되어
살아가기가 막막하였소
내 삶을 그대 알아 뭐 하리오
묻지 마세요
머리만 아플 뿐이요
내 보자니
그대나 나나 다를 것이 뭐가 있소
먹지 못하고 순환되지 않으면
자네나 나나 마찬가지라오

무엇인가

숨을 쉬고 걷는다
어디 목적지도 없고
그냥 밟고 있는 길에게 미안할 뿐 아무것도 없다
말 없는 하늘처럼 그저 툭 치고 지나는 바람처럼
왜 이럴까 나는 누구이고 분명 어디로 가는 것이고
삶의 목적도 있을 텐데
무취에 무색으로 가고 있다
누구를 위하고 누구를 사랑해야 하나
아무것도 아닌, 떠도는 먼지와 다를 게 뭔가
발악하며 저 뒹구는 낙엽을 보니
나 또한 저리되지 않을까 하는 생각이 바람에 스친다

별

저 별을 보는 것으로 만족해야 하나
다가가 만지고 싶은데
마음으로나마 위로해야 하나
그래도 넌 외롭지는 않겠다
네 옆에 동무가 있으니
어둠이 짙을수록
너는 나를 부른다
더 밝은 모습으로

사진

치부책 사이 작은 흑백사진
갸름한 얼굴 멋쟁이다
이런 날이 있었다니 너무 놀랐다
맨날 지게 지고 삽 들고 일만 하시고
새벽이슬 밟으시는 것만 본 나다
머리카락 출타에 흰머리 출생률은
늘어가는 모습만 봤는데
오늘 지금 내 앞에 흑백사진
눈시울이 붉어진 이유는 뭘까
두 줄기 눈물이 출근을 한다

빈 배

누구의 다리가 되고 싶다
말없이 선행도 하고
늘 기다리는 자세다
오면 가는 마음으로 살아가니
늘 넉넉하더라
비우며 살아가라고
씽긋이 윙크하는데
내 가슴이 부끄럽다

청량산

선비의 정신
인간의 도리 본심
고풍의 학자
삶의 본질이 근본이요

아름다움, 배려, 미덕
자연의 학교요 스승이라
질문하라 내게
기대라 의지하라
멀리 있지 않으리
자세히 보고 들으라
묻고 물어보라

답을 내리는 산
우주의 신성한 학교
현실의 스승
애인도 되어주고
벗이 되어주는 아름다운

그대는

청량산이로다

거미줄

이른 새벽 해봉로 작은 산책로 인접이 드문 작은 공원은 왕
거미 집성촌이다
안개비 내리는 이른 새벽 눈먼 날짐승들을 기다린다
밤새워 뜬눈으로 주택을 건설한 거미 인부들 쌍불을 켜고
보초다
안개비에 젖은 주택이 이슬이 내려와 위장을 하니 풍년이다
새벽안개 걷히면 죽은 자와 산 자의 최후의 만찬이다
흰 붕대를 감은 관들이 즐비하다

병산서원

닮았도다 잘생긴 그대의 품성 외모가
만대루가 그대로 인 것이다
유유히 흐르는 낙동강을 끼고 앉아있는 작은 모래를 보니
그대 눈과 마주친 모래를 내가 지금 보고 있다
내가 내가 아니었을 그대여
만국의 아픔을 어루만지시고
양반 천민이 없는 미래를 내다보신 그대는 바로
일국의 재상을 키운 보배로다

낙엽에게 배우다

뒹구는 낙엽을 보라
바람에 몸을 맡기고 어디든지 가겠지
지금을 위해 살았다고
흔적 없이 살아주는 것이 최종 목표였다고
명언을 남기고 이 몸 가루가 되어 살아지는
그날 위해 살았노라
너나 나나 다를 게 뭐나
뒹구는 낙엽을 보며
욕망도 부질없고
성냄도 부질없는 것을
왜 놓지 못하고
무거운 짐 지고
지금 내가 가는지
알고도 그러지 못함이
왜 이리 어리석은지
내가 나를 모르고
살아가는 이 시간이 한심스럽다
현실이 이런 것이니 안타까울 뿐이다

꽃

어디서 왔나
고운 빛 고운 향
너에게 도움 준 것 없는데
어찌 그리도 고울까
보는 내가 미안하다
슬픔도 있어야 하는 건데
아마 고통도 슬픔도
내면에 숨기고 있을 것이다
나도 너처럼 살고 싶은데
그리 안 되는 이유는 뭘까
말해다오
너처럼 살아갈 수 있도록 말이다

파도 2

밀어내려는 너의 심정
그 이유 알고 싶어라
어차피 오는 것을 알면서도
토해내는 서글픔이어라
별을 그리워하는 만큼
떠나고 싶은 것이야
이미 알고 있지만
밉고 싫어도 품으라
그것이 너의 미덕이 아니냐
너를 사랑하고 사랑할 수밖에 없다는 것을
너는 각인시킬 임무가 있는 것이다

붕어빵

하얀 옷을 입고
불을 만나야 한다
빙빙 헤엄치며
옷매무새 가다듬고
부풀어 오르면
엄동설한 내게로 온다
내 고운 두 입술 찾아
온다고 온갖 고초도 마다 않고
내게로 오신 당신을 사랑합니다

그림자의 휴가

때론 가출도 하고 싶다
힘들다고 쉬고 싶다고
아우성인 친들 무엇하나
그저 모시는 팔자로
한 생을 동고동락이다
그런데 가끔 휴가도 있다
눈 오는 날이나 비 오는 날이다
그때는 나는 상팔자다
마음껏 스트레스 풀고 돌아온다

아버지

왜 나는 눈물이 난다
빛을 보게 해 준 당신
해 드린 거 없이 볼 수 없으니 생각날 때마다 눈물이 난다
의지하고 싶었다
기대고도 싶었다
하지만 내 심사가 그것을 용납하지 않았으니
결코 내가 단단해서가 아니다 그저 오뚝이처럼 살고 싶었다
하지만 지금 흰 눈 모자를 쓰고 있는 내가
자꾸 생각나는 까닭이 무엇인지
지금도 눈물이 난다

감

맨질맨질 바람의 내공이다
고운 빛깔 또한 바람의 내공이지
고온이면 선선한 바람으로 식히고
비바람 태풍 지나면 호호 불어 주었지
아침저녁 냉수마찰은
튼실한 몸으로 만들었고
어차피 한 번은 당신의 쟁반이 나의 최종 목적지다 보니
그날까지 잘 익어 가는 것 또한 내 뜻이라
그날까지 성한 몸으로 가기 위해선 오늘도 난 최선이다

달

하나라서 외로워
둘이 될 수 없는 운명
숨어버리고 싶은데
한심한 어둠이 밉더라
홀로 사는 것에 익숙하여
보란 듯이 살아가지만
내면의 나를 그 누가 알리오

PART Ⅲ

오필선

바람이 분다

청춘에게

삼라만상은 고요의 침묵을 깬
경이로운 섭리의 보고寶庫
세상을 온통 순백純白의 화선지로 덮는다

붓 하나 들어 창공에 일필을 휘두르고
고요한 침묵에서 청아한 시를 읊어내듯
하늘을 나는 새의 노래에는 가성假聲이 없다

꽃의 향기와 빛깔에는 덧칠이란 없으며
부끄러움 없는 하늘 또한 청명하기에
붉은 노을에는 구차한 변명도 걸리지 않는다

수많은 길을 만나는 청춘이여
종내終乃에는 가슴만이 열 수 있는 문門
그대의 문文으로 열어 빛이 날 청춘이다

당신을 위한 밥상

금빛 들판 해풍 품은 햇살로 키운
토실토실한 햅쌀 한 바가지 퍼서
내 사랑 깊이만큼 찰박하게 물을 부어
은은한 살냄새 풍기는 불을 지핍니다

봄바람에 바람난 한 움큼 시금치 뜯어
부끄러워 숨겨버린 가슴만큼 데쳐 내
둥근달 마음 담은 장독대 간장을 떠
고운 손 잡아주듯 조물조물 버무리고

심해 바다 등 푸른 고등어 하나 건져
미움 하나, 갈등 하나, 서러움 하나
미련 없이 잘라내 세 등분 하고
마음 따뜻한 양념장을 흩뿌렸어요

그대 향한 향기만큼 훌쩍 큰다는
빛깔 좋은 콩나물을 냄비에 넣어
보글보글 넘치게 사랑국을 끓여
엄마의 정성이 담긴 김치를 보탭니다

당신이 좋아하는 불고기는 아니지만
새봄에 돋아난 야들한 새순 같은
억겁의 인연으로 만나 사랑을 하는
당신을 위한 밥상을 차립니다

말에 대한 소고

가끔은 혀에도 건방이 들어
짧아진 혀는 가슴을 후비는
반 토막말들을 거침없이 쏟아내고

가끔은 혀에도 기름이 고여
길어진 혀가 미끈거리며
늘어지는 말들을 함부로 지껄인다

"산전수전을 다 겪었다."
짧은 듯 늘어지는 말은 닥치고
밴댕이 속이라도 진정으로 말해야 함은

잘린 혀가 피를 흘리며 용을 틀어도
비수가 꽂힌 마음보다 아프지는 않다

돌탑

바람엔 돌탑이 무너지지 않음은
사이사이 바람 지나는 길을
막아서지 않기 때문이며

장대비에 돌탑이 젖어 들지 않음은
쏟아내는 빗물을 굳이
담아내지 않기 때문이다

돌탑은 반듯하게 격을 갖추고

소원하는 모든 이의 바람과
아파하는 모든 이의 소망과
미워하는 모든 이의 용서와
사랑하는 모든 이의 애정을

목석처럼 우뚝우뚝 받아줄 뿐

금낭화

가슴에 비수를 뽑지도 못하고
지쳐가는 심박이 헐떡이는 것을
모자란 숨 때문인 줄 알다가

느려진 눈으로 드는 금낭화 하나가
떨림 같은 너와 닮았다고 느껴지며
다독이듯 설레는 향으로 든다

투명함이 푸른 바람으로 강가를 돌다
낮은 거품이 되어 몸을 씻는다
탁 트인 들이 이제야 보이고
꽃들도 쉬고 있었음을

더 멀리, 더 깊이 모자란 숨이 채워진다

아담과 이브

그대와 내가 처음 만나
아담과 이브가 되었을 때
태초라는 어떤 존재에도
의미는 필요치 않았다

약속이란 걸 시작하면서
기다림이란 텅 빈 곳이 들고
원하는 것이 늘어가면서
행복이라는 바람이 생겼다

필요치 않은 변명이 늘고
울먹이며 감기는 눈으로
부끄러운 거울이 비추어져
에덴동산을 가림막으로 덮는다

갈무리

하늘거리는 능수버들 이파리 하나가
칼날 같은 사선으로 떨어지며
마음 한쪽을 비명처럼 베고 말았다

몽글거리는 붉은 선혈이
스치듯 베인 한편의 가슴으로
툭! 툭! 불거지는 사연을 밀쳐내지만

늘 그렇다고, 바뀌지 않는다고
미어진 가슴일랑 혼자 추스르는 거라고

해돋이

여인이었다

강렬하고 뜨거운
너의 열정과 맞서려고
철재 갑옷과 도깨비 투구를 쓰고
당당하게 조금은 긴장되게
그리고 의연하게 버티며
너를 기다린다

붉은 마성의 기운이 감돌고
서서히 모습을 드러내는
의외의 부드러움에 흠칫 놀라
손에 쥔 장검엔 한껏 힘이 쥐어졌다

아려 터질 강렬한 빛은 요원하다
서서히 오르는 너는
한껏 치장한 요염한 여인네

장검을 쥔 손마디 쑥스러워 감추고
알몸으로 마주한 여인네에 반했다
당신이었구나!

알다가도 모르는

사랑하는 법을 깨닫는 것과
사랑하는 사람과 인연이 되는 것은
종잡을 수 없는 일이다

기회를 놓치면 연이 사라지고
기회를 잡지 못하면 연도 소용이 없고

그렇게 애를 태우며 맺은 인연도
진정이란 마음으로 애써 대해야 함인데

늘 선함으로 마주해야 한다는 걸 알다가도

잊거나, 느슨해지거나, 모른 척을 하다
잡았던 연줄마저 끊길 때가 있다

바람이 드는 까닭

터벅거리는 발길 따라
마지못해 따라오는 그림자
실낱같이 가늘어진 명줄처럼
휘청이며 훔쳐내는 흥건한 몸짓

백설은 가득한데 엇나가는 심사는
아직도 뜨거운 줄 가슴만 쳐대며
사람 들었던 정이 흩어진 까닭을 모르고
할퀴고 지나간 바람을 핑계로 삼는다

사랑은 틈으로 피어나고
이별은 금으로 깨진다는 걸 알고도
아직도 멀게만 두고 찾으려만 하니
골방이 공연히 차갑지는 않을 게다

대천으로 가는 완행

한칸 한칸 밀어내 뾰족해진 신작로를 구르며
버스가 생경한 풍경을 뒤로 잡아끌 때마다
목적지로 가는 완행버스는 덜그렁 소리를 낸다

목 짧은 소 떼가 우르르 언덕을 오르는
서산 목장의 한가로운 푸른 초원을 지나고
곰삭은 젓갈 비릿한 드럼통을 뒤적이며
입안에 흐물거리던 어리굴젓 광천을 지나다
탁 트인 바다가 꼬드기는 대천이 눈으로 들 때
덜그렁 덜그렁 마음이 쏟아질까 간신히 붙들었다

완행버스에 오르기 전에는 생각지도 못했던
홀로 떠나는 여행객이 짊어진 악다구니가
투정까지 얹어지며 슬쩍슬쩍 창밖으로 던져지고
하나씩 밀어내며 풍경으로 도착한 대천 터미널
악다구니를 말없이 받아 준 여행은 완행이었다

봄이 오는 소리

숨결조차 미동이 없다 해도
당신이 오신다는 걸 알아버렸죠
하얀 꽃망울 터뜨리기도 전
가슴엔 파란 싹 하나 움트고
아롱진 꽃잎 하나 눈동자에 담아
향기 털어 낼 따사로움 묻힌
보송보송한 손길을 느낍니다

감칠맛 풍기는 저 봄볕은
어찌 내게로 오는지
더덕더덕 눌어붙어 꽁꽁 동여맨
허리춤에 감싼 얼음장은 녹으려나
채 버리지 못해 둘둘 말린
목도리 속 겹겹이 피멍 든 가슴에도
환장할 꽃을 피우려 봄은 오는가 보다

그래도
함초롬히 돋아날 파릇한 새싹 하나를
손 모아 기다립니다

바람이 분다

아무렇게나 불어도 바람이고
아무렇게나 피어도 꽃일 것인데
어떠한 사랑인 계절을 두고
어떠한 사랑일 수 없는 시인이여

나는 슬픔이 싫어 봄 찻집을 떠나
뜨겁도록 환한 여름 술집을 보내고
바람이 부는 가을 정원까지 왔다오

차가워진 가슴이 동동거리다
허한 술잔에도 어두운 그림자가 들어
나는 또 겨울 나그네가 되려 하오
아무렇게나 불어도 바람이요
아무렇게나 피어도 꽃이 될 때까지

꽃이 진다

목젖까지 치미는
아스라한 설움에 꽃잎이
하롱, 가벼이 달뜨며
그렇게 저버렸다

분분히 흩날린 꽃잎이
홀연하게 가지를 비우는 날
시린 가슴을 삭이며
비로소 공허를 털어낸다

꽃을 놓아버린 것인지
꽃이 나를 놓은 것인지
뒹구는 꽃잎이 사라지고 나서야
기꺼이 여여如如할 수 있었다

구름 같은 사랑

물 깊은 계곡 산등성으로 오셨다가
돌고래 곡예 넘는 바다로 오셨다가
양 떼들 뛰어노는 목장으로 오셨다가
말없이 왔다가 말없이 가는 당신입니다

가슴이 타오르는 목멘 진실을 숨기고
점점이 흩어지다 그려내는 속내는
석양이 노을 속으로 잠기고서야
빨갛게 볼 붉히며 한참을 서성입니다

그대만 바라보는 하루여서 행복했다고
붉은 심장으로 토해내는 사랑이건만
야멸차게 돌아서 구름처럼 떠난 당신으로
벌거벗은 갯벌엔 천천히 어둠만이 내립니다

유월의 바다

노을이 떨어지는 저녁
붉게 물드는 수평선을
홀로 바라보는 것은 피해야 한다
그것이 유월의 바다라 할지라도

몽돌을 맨발로 밟거나
무너지지 않을 모래성을 쌓거나
맥없이 부서지는 포말을 눈에 담으면
자칫 석양에 데는 것도 모자라
붉은 태양을 용암으로 토할지도 모른다

뜨거움을 재우려 잠기는 불덩이를
무심히 뒤돌아본 서쪽 바다로
하마터면 너의 얼굴같이 붉어진 갈증을
울컥 쏟아 낸 적도 있었음을

그 치명적인 심연의 시간은 피하는 게 좋다

잠 못 드는 밤

왜 몰랐을까
밤새 저 담벼락 장미는
달빛 취해 톡톡 달라붙은
이슬방울마저 외면한 채
건성건성 드러낸 허탈함에
부슬부슬 꽃잎마저 떨어낸 것을

왜 몰랐을까
아침이 되도록
가시에 찔린 애련함이
맺힌 이슬을 털어내며
무뎌진 나를 원망하듯
핏빛 장미꽃마저 외면했던 것을

달이 지나면
해가 뜨는 이유는 알려나
먹구름 낀 오늘 밤은 어쩌랴
뽑지도 못한 가시에

밤새 퍼부어 댄 눈물로
꽃잎은 눈마저 감았는데

몽글몽글 솟는 눈물
감춰지긴 하려나
가로등 깜박이는 불빛에
투영되는 내 눈물을
그대는 보려나
건성건성 지나는 잠 못 드는 밤
입 다문 장미 가시를 뽑는다

잠자리

비단 얇은 갑사(甲紗)로 날개 달고
잠자리 한 마리 간짓대에 앉아
살금살금 다가가도 떠날 줄을 몰라
기특한 저 잠자리 예쁘기도 하여라

전생에 저 잠자리 무슨 인연이기에
숨죽여 맴맴 손가락 돌려 꼬드기며
가시랑가시랑 수면의 주문을 외다
화들짝 놀라 잠이 깬 저 잠자리

아! 가을이다

벤치

지독히 외로운 그대의 고독
지독한 이별에 그대의 슬픔
지독한 사랑에 그대의 몸살
지독히 그리운 그대의 눈물

나에게 죄를 물으신다면
그대의 한숨이 토해지는 걸
그대의 가슴이 쏟아내는 걸
넙죽넙죽 그대를 받아준 죄는

잠시 숨 돌려 쉬게 하려 한 죄
떨구고 간 이 많은 사연을
치유하지 못한 죄
돌이킬 수 없다며 묻어버린 죄

사랑합니다

그리 대단치도 않은
사람인데
그대 내 눈에 들어와
가녀린 손 내밀어
반평생 그늘 되어주었지

숨소리 흩어져
가랑가랑 쇳소리 토해내도
당신을 사랑합니다
오랫동안
시간이 멈출 때까지

이별

1.

눈물 떨어내
그대 이름에 번져도
그대여
외면해주오

지워내 떨군 눈물
달음질한 끝자락 걸어
설게 여미지 못한 맘
당겨낼까 아프니

2.

설게 여미지 못해
끝자락 걸린 눈물
품지도 못한다
서러워 마오

서툰 달음질이
그대 이름을 스쳐
설픈 낙인으로 새겨져도
고이 가슴으로 묻으리다

후회

기억 저편
망토 감춰 건네준 사랑인데
가시넝쿨 빨간 딸기라도 열렸나
햇볕은 따갑게 내리쬐는데
눌려 처진 등 가여운 그대여

지나쳐 버린 가로수
머물지 못한 바닷가
은하수 넘나든 밤하늘

시린 손 정겹게 잡아나 줄 것을
가는 길 쉬며 바라보게 할 것을

초라한 등줄기 떨어낼 눈물
그대 앞섶에만 어른거리고
미안함도 민망해 고개 감춘다
그대여!
어떤 삶을 살고 싶은가

그리운 어머니

어제 먹은 보리개떡이 얹혔나
하루 내 가슴만 저리다

그리움 한입 베어 물고
입안 가득 보고픔을 채워도
가슴 토해진 서글픔만
두 눈 타고 흐르네

가끔은
그리움도 되고
때로는
보고픔도 보이더니

어제는
이리도 가슴만 저렸나 보다

배웅

너무도 많이 흔들리고 흔들려
기다림에 지쳐 버린 건
그대를 너무 오래도록
내 사람이라 여겨 사랑한 탓이며
그대를 너무 오래도록
돌아올 것 같아 기다린 탓이다

지나간 겨울은
다시 오지 않음을 알았어야 했는데
죽을 만큼 사랑했던 사람과
이별 아닌 이별이라 할지라도
다시 사랑할 수 없음을 아는데

작년에 몽우리를 풀었던 꽃망울이
다시 깨어나도 같은 모습일 수 없듯
눈썹으로 걸린 달이 예뻐서
치켜뜨면 뜰수록
자꾸자꾸 달은 오르고 올라
멀어진 하늘로 걸리고 마는 것인데

어느 곳, 어느 세월이든
바람만큼은 흔들릴 테니
죽은 나무에 매달린 상고대가
얼음꽃을 피우길 기다리다
마중했던 사랑이 이제는
그 사랑을 배웅하고 있음을 알았다

맘 비우기

맘 한켠을 너무 많이
담아두지 말자
한 사람만 그 맘에
들어오면 버거우니까

맘 한켠을 너무 많이
비워두지 말자
여럿이 그 맘에
들어오면 혼란스러우니

맘 한켠을
정갈하게 갈무리해
보일 듯 말 듯
조금씩만 내어주자
내 맘에 들어온
모든 것들이 소중하도록

눈이 부시게

초판 발행일 2023년 11월 13일

지은이 강희숙 · 김시동 · 오필선
사 진 정병준
발행인 김미희
펴낸곳 몽트

출판등록 2012.12.20 제 2014-0000-38호

주소 안산시 상록구 화랑로 513 2층 24호
전화 031-501-2322 팩스 031-501-2321
메일 memento33@menthebooks.com

값 12,000원
ISBN 978-89-6989-095-5 03810

「이 책은 안산시 문화예술진흥 기금을 받아 출간되었습니다」